BEI GRIN MACHT SICH IHR WISSEN BEZAHLT

AF153601

- Wir veröffentlichen Ihre Hausarbeit,
  Bachelor- und Masterarbeit

- Ihr eigenes eBook und Buch -
  weltweit in allen wichtigen Shops

- Verdienen Sie an jedem Verkauf

Jetzt bei www.GRIN.com hochladen
und kostenlos publizieren

Planung eines Ausdauertrainings bei einer 19-jährigen männlichen Person

Alicia Wahlich

Bibliografische Information der Deutschen Nationalbibliothek:

Die Deutsche Nationalbibliothek verzeichnet diese Publikation in der Deutschen Nationalbibliografie; detaillierte bibliografische Daten sind im Internet über http://dnb.d-nb.de abrufbar.

ISBN: 9783389035436
Dieses Buch ist auch als E-Book erhältlich.

© GRIN Publishing GmbH
Trappentreustraße 1
80339 München

Alle Rechte vorbehalten

Druck und Bindung: Books on Demand GmbH, Norderstedt Germany
Gedruckt auf säurefreiem Papier aus verantwortungsvollen Quellen

Das vorliegende Werk wurde sorgfältig erarbeitet. Dennoch übernehmen Autoren und Verlag für die Richtigkeit von Angaben, Hinweisen, Links und Ratschlägen sowie eventuelle Druckfehler keine Haftung.

Das Buch bei GRIN: https://www.grin.com/document/1477887

Deutsche Hochschule für
Prävention und Gesundheitsmanagement
Hermann-Neuberger-Sportschule 3
66123 Saarbrücken

Hausarbeit

Name, Vorname	Wahlich, Alicia Kathleen
Studiengang	Gesundheitsmanagement
Studienmodul	Trainingslehre 2
Datum Präsenzphase (siehe Ergebnisdokumentation)	18.10.2023 - 20.10.2023
Aufgabe	Hausarbeit

Inhaltsverzeichnis

1. Diagnose

Um den Ausgangsstand (Ist-Zustand) festzustellen, werden die allgemeinen und biometrischen Daten einer Person im Folgenden dargestellt. Das Vorliegen dieser Daten ist Fundamental, um einen geeigneten Trainingsplan für das Ausdauertraining für die Person ausarbeiten zu können. Nur so kann die Person eine zufrieden stellende Kondition (Soll-Zustand) erreichen (Lottmann, 2002, S.5).

1.1. Allgemeine und Biometrische Daten

1.1.1. Allgemeine Daten

Tab. 01: Allgemeine Daten einer männlichen Person (eigene Darstellung)

Alter	19 Jahre
Geschlecht	männlich
Körpergröße	1,83 Meter
Körpergewicht	80 Kilogramm
Trainingsmotive	Fettverbrennung, Ausdauer verbessern und Ruhepuls senken
berufliche Tätigkeit	dualer Student beim gehobenen Dienst der Kriminalpolizei
aktuelle und frühere sportliche Aktivitäten	- ist vom Grundschulalter bis Jugendalter verschiedenen Ballsportarten, zum Beispiel Tischtennis oder Volleyball, nachgegangen - hat mit 16 begonnen Kampfsport zu betreiben - trainiert seit einem Jahr im Fitnessstudio mit einem Plan für das Krafttraining - betreibt seit ca. acht Monaten vom Studiengang einmal Ausdauertraining (schwimmen oder laufen)
zeitlicher Verfügungsrahmen	- hat nach den Vorlesungen viel Zeit zum trainieren

Die Tabelle 01 stellt die allgemeinen Daten einer männlichen Person dar. Hierbei ist ersichtlich, dass die Person verschiedenen sportlichen Aktivitäten nachgegangen ist und nun seine körperliche Fitness verbessern möchte. Weiterhin kann der Ansicht entnommen werden, dass die Person als dualer Student genügend Zeit zur Umsetzung der Trainingsmotive hat. Die männliche Person hat eine Körpergröße von 1,83 Meter bei einem Gewicht von 80 Kilogramm. Somit liegt sein BMI (Body-Maß-Index) mit 23,9 im normalen Bereich. Auf den BMI wird im Abschnitt 2.1.1. näher eingegangen.

1.1.2. Biometrische Daten

Tab. 02: Biometrische Daten der Person (eigene Darstellung)

Blutdruckwert	125 mmHg zu 82 mmHg
Ruhepuls	62 S/min
orthopädische Probleme	Mandeln wurden mit 17 Jahren entfernt
internistische Probleme	Nein
ärztliche Behandlungen	Nein
Einnahme von Medikamenten	Nein
Sonstige gesundheitliche Einschränkungen	Katzenhaar Allergie

1.1.3. Blutdruckklassifikation

Tab. 03: Aus dem Studienbrief „Trainingslehre 1" übernommen: Blutdruckklassifikation der American Heart Association (modifiziert nach Mancia et. Al., 2013, S. 1286)

Bewertungsstufen	Systolischer Blutdruck	Diastolischer Blutdruck
Normblutdruck (Normotonie)		
Optimal	Unter 120 mmHg	Unter 80 mmHg
Normal	Unter 130 mmHg	Unter 85 mmHg
Hochnormal	130- 139 mmHg	85 - 89 mmHg
Bluthochdruck (arterielle Hypertonie)		
Stufe 1	140 - 159 mmHg	90 - 99 mmHg
Stufe 2	160 - 179 mmHg	100 - 109 mmHg
Stufe 3	> 180 mmHg	> 110 mmHg

In der Tabelle 03 wird die Blutdruckklassifikation der „American Heart Association" dargestellt. Im Abgleich mit der Tabelle 02 kann festgestellt werden, dass sich die Blutdruckwerte der Person im Normalbereich befinden. Es sind keinerlei Anzeichen auf eine arterielle Hypertonie und deren Folgeerkrankungen ersichtlich. Mithin liegen aus hiesiger Sicht keine Einwände bezüglich der Ausübung des Ausdauertrainings vor.

1.2. Leistungsdiagnostik/ Ausdauertestung

1.2.1. Begründung des Testverfahrens

Zur Durchführung einer Leistungsdiagnostik der Person können drei verschiedene Arten von Ausdauertests angeführt werden. Der Stufentest, der Dauertest und das anaerobe Testverfahren. Diese Testverfahren dienen der Ermittlung des aktuellen Fitnesszustandes, dem Verfolgen der Trainingsfortschritte und dem Erstellen individueller Trainingspläne. Die Auswahl des richtigen Testverfahrens hängt von den Zielen des Ausdauertrainings und den individuellen Bedürfnissen ab. Um den geeigneten Test auszuwählen, bzw. auszuwerten bedarf es hierbei eines qualifizierten Sportwissenschaftlers (Tschopp, Held, Villiger & Marti, 2001, S.57-58).

Im Folgenden wird zunächst ausschließlich auf die Stufentests des Fahrradergometers eingegangen. Vorteil eines Fahrradergometer Test ist die Eignung jeder Personengruppe. Weiterhin ist die Belastung genau dosierbar und es besteht kaum Gefahr einer orthopädischen Fehlbelastung. Außerdem ist ersichtlich, dass eine geringe koordinative Anforderung benötigt wird. Des Weiteren ist es möglich einen individuellen Leistungsvergleich mit einer Normwerttabelle durchzuführen. Der Nachteil des Fahrradergometers besteht darin, dass nur bestimmte Muskelgruppen angesprochen werden. Dies kann dazu führen, dass nicht immer eine kardiopulmonale Ausbelastung erreicht wird (Kettenis & Eifler, 2023, S. 64).

Um den geeigneten Fahrradergometer Test auszuwählen wurden in 1.1.1. und 1.1.2. die personenbezogenen Daten des Probanden erhoben. Aus diesen Daten wird das optimale Testverfahren abgeleitet.

Der Vita-Maxima-Test dient primär der sportlichen Leistungsdiagnostik auf dem Fahrradergometer. Dieser Test ist für Leistungssportler wie zum Beispiel Radsportler und Triathleten geeignet. Hierbei wird die maximale Belastung sowie Herzfrequenz ermittelt (Hollmann, Strüder, Predel & Tagarakis, 2006, S.59).

Der vorliegende Proband führt seit ca. acht Monaten einmal die Woche für eine Stunde Lauf- und Schwimmeinheiten bei moderater Belastung aus. Mithin weist die Person aus hiesiger Sicht keine ausreichende Kondition im Ausdauertraining auf. Wegen der zu hohen Belastung und der möglichen gesundheitlichen Beschwerden, wird von diesem Test abgesehen.

Der WHO-Test dient der Beurteilung der Herz-Kreislauf-Leistungsfähigkeit von leistungsschwachen/untrainierten Personen. Hierbei wird die submaximale Belastung gemessen und die relative Soll-Watt-Leistung pro Kilogramm Körpergewicht dargestellt (Hollmann, Strüder, Predel & Tagarakis, 2006, S.60).

Der Proband trainiert bereits seit acht Monaten regelmäßig seine Kondition. Die Leistungsfähigkeit der Person würde die Anforderungen des vorliegenden Tests aus hiesiger

Sicht überschreiten. Mithin würde es wie oben angeführt zu keiner kardiopulmonalen Ausbelastung kommen und der Test stellt sich als ungeeignet dar.

Der Hollmann-Venrath-Test ist mit einer Belastung von mindestens 150 Watt für durchschnittlich bis gut trainierte Personen konzipiert.

Hierbei wird stufenweise die Wattleistung im Abgleich mit der Herzfrequenz bis zu der Pulsobergrenze des Probanden gesteigert. Die Wattleistung wird anschließend mit den Normwerten der jeweiligen Altersstufe verglichen. Mithin eignet sich aus hiesiger Sicht der vorliegende Test zur Erstellung eines individuellen Ausdauer-Trainingsplan für die Person (Hollmann, Strüder, Predel & Tagarakis, 2006, S. 60).

1.2.2. Durchführung des Hollmann-Venrath-Test

Tab 04: Erhebung der Daten zur Vorbereitung des Testprotokolls (eigene Darstellung)

Vorbereitung Testprotokoll	
Name/Vorname	keine Angabe
Geschlecht	männlich
Alter	19
Testform	Hollmann-Venrath-Test
Belastungsart	submaximale Belastung
Stufendauer	drei Minuten
Belastungssteigerung	40 Watt
Eingangsbelastung	30 Watt
Trittfrequenz	60-80 U/min
Pulsobergrenze nach WHO	180 - 19 = 161 S/min
Gewicht	80 Kg
Ruhepuls	62 S/min
Blutdruck	125 mmHg zu 82 mmHg

Tab. 05: Testprotokoll einer männlichen Person (eigene Darstellung)

Testprotokoll				
Eingangstest	Datum: 27.10.2023			
Zeit (min)	Watt	Hf 1 (S/min)	Hf 2 (S/min)	Hf 3 (S/min)
0-3	30	93	97	100
4-6	70	105	107	108
7-9	110	120	125	131
10-12	150	138	144	148
13-15	190	157	162	151
Watt gesamt	150 Watt + (2/3 x 40 Watt) = 176,67 Watt			
Watt/Kg	176,67 : 80 Kg = 2,21 W/Kg			
Bewertung n. Normtabelle	durchschnittlich			

Die oben aufgeführte Tabelle 05 zeigt das Testprotokoll des Hollmann-Venrath-Test auf einem Ergometer bei einem männlichen Probanden. Eingangs wurde das Ergometer individuell auf die Körpergröße und das Gewicht des Probanden eingestellt. Zu Beginn startet die Person mit einer Belastung von 30 Watt. Jede dritte Minute wird die Belastung um 40 Watt gesteigert. Die Trittfrequenz sollte immer zwischen 60 und 80 Umdrehung pro Minute liegen. Während des Tests wird in jeder Minute die Herzfrequenz kontrolliert und dokumentiert. Der Ansicht kann entnommen werden, dass der Test solange fortgeführt wird bis der Proband die definierte Pulsobergrenze nach WHO erreicht hat. Die Testergebnisse werden anschließend mit den Normwerten abgeglichen und bewertet (Hollmann, Strüder, Predel & Tagarakis, 2006, S. 60).

1.2.3. Bewertung des Testergebnisses

Tab. 06: Normwerttabelle Männer (modifiziert nach Studienmaterial, Lektion submaximale Fahrradergometertests, S. 5)

Normwerte Männer (Watt/Kg)			
Alter(Jahre)	unterdurch-schnittlich	durch-schnittlich	überdurch-schnittlich
<30	< 1,99	2,00 - 2,59	> 2,60
30-34	< 1,89	1,90 -2,46	> 2,47
35-39	< 1,79	1,80 - 2,33	> 2,34
40-44	< 1,69	1,70 - 2,20	> 2,21
45-49	< 1,59	1,60 - 2,07	> 2,08
50-54	< 1,49	1,50 - 1,94	> 1,95
55-59	< 1,39	1,40 - 1,81	> 1,82
>60	< 1,29	1,30 - 1,68	> 1,69

In der oben aufgeführten Tabelle 06 werden die Normwerte für Männer dargestellt. Im Abgleich mit der Tabelle 05 kann festgestellt werden, dass sich die Ausdauerleistung der Person im durchschnittlichen Bereich befindet. Durch den Hollmann-Venrath-Test konnte die maximale Belastbarkeit der Person ermittelt werden.

1.3. Gesundheits- und Leistungsstatus

Aus dem Ergebnis, des Hollmann-Venrath-Tests können mehrere Schlussfolgerungen über den Gesundheits- und Leistungsstatus gezogen werden, die bei der Trainingsplanung grundlegend sind. Sowohl die Dauer als auch die Intensität des Trainings werden hieran festgelegt.

Der Gesundheits- und Leistungsstatus der Person hängt von verschiedenen Faktoren ab. Die Bewertung sollte immer individuell erfolgen und die Tagesform, die Ziele sowie die Motivation des Probanden berücksichtigen (Hollmann, Strüder, Predel & Tagarakis, 2006, S. 66).

Die konditionelle Belastbarkeit/Ausdauer ist bei der Person aus hiesiger Sicht im durchschnittlichen Bereich. Demnach ist er in der Lage, moderate bis intensive körperliche Aktivitäten über längere Zeiträume aufrechtzuerhalten (Hanakam & Ferrauti, 2020, S. 346).

Die Trainierbarkeit hängt von dem Verbesserungspotenzial, der Kontinuität und der Variabilität ab. Das Verbesserungspotenzial bemisst sich an der Häufigkeit und Intensität der Trainingsreize sowie der Gewöhnung an diese. Eine durchschnittlich ausdauertrainierte Person, weist ein beträchtliches Potenzial zur Steigerung ihrer Leistungsfähigkeit auf (Blank, 2006, S.12).

Um die Ausdauer verbessern zu können, sollte kontinuierlich und systematisch trainiert werden (Blank, 2006, S.59). Der Proband verfügt neben seinem Studium über ausreichend Zeit zum Trainieren.

Die Variabilität des Trainings kann beispielsweise durch Intervalltraining und abwechselnde Aktivitäten wie zum Bespiel Radfahren, Schwimmen oder Laufen gewährleistet werden (Blank, 2006, S.48). Aus den Daten der Person ist ersichtlich, dass er beim Studium einmal in der Woche für je eine Stunde laufen oder schwimmen geht.

2. Zielsetzung und Prognose

2.1. Tabelle Zielsetzung

Tab. 07: Zielsetzung einer männlichen Person (eigene Darstellung)

Ziel 1	Körperfettanteil in den nächsten acht Wochen um 1,5 % senken
Ziel 2	Ausdauerleistungsfähigkeit in den nächsten acht Wochen anhand der Wattleistung um 0,2 Watt/Kg steigern
Ziel 3	Ruhepuls in den nächsten acht Wochen um 4 S/min senken

2.1.1. Begründung der Zielsetzung

Wie oben aufgeführt, wird die Steigerung der Ausdauerleistungsfähigkeit um 0,2 Watt/Kg, die Senkung des Körperfettanteils um 1,5 % und die Senkung des Ruhepuls um 4 S/min in den nächsten acht Wochen bei einer Person mit einem BMI von 23,9 angestrebt.

Ein BMI von 23,9 zeigt, dass die Person ein gesundes Körpergewicht aufweist. Ein gesunder BMI allein hat jedoch wenig Aussagekraft über die Körperzusammensetzung. Es ist möglich, einen gesunden BMI zu haben, aber über einen hohen Körperfettanteil und niedrigen Muskelanteil zu verfügen (Rukavina, 2018, S. 1356).

Die Prämisse lautet, dass körperliches Training direkt zu einer Gewichtsreduktion über den erhöhten Energieumsatz führt. Es erfordert eine Kombination aus regelmäßigem Training und einer ausgewogenen Ernährung, die ausreichend Protein und Kohlenhydrate enthält, um die Fettreduktion anzukurbeln (Bindel & Theis, 2019, S.7).

Die Langzeiteffekte von regelmäßigem und umfangreichem Training auf den Stoffwechsel sind aus hiesiger Sicht effektiv. Ausdauertrainierte haben im Vergleich zu untrainierten Personen bei gleicher Belastung eine höhere Fettoxidationsrate und können so Glykogenreserven der Muskeln sparen (Dr. Tegtbur, 2000, S.40). Das Ziel Körperfett um 1,5% senken ist demnach realistisch, sofern der Proband sich ausgewogen ernährt und seinen Trainingsplan einhält.

Ausdauertraining kann zur maximalen Leistungsfähigkeit führen und die submaximale aerobe Leistungsfähigkeit steigern (Neumann, Pfützner & Berbalk, 2011, S. 72).

Eine Steigerung der Ausdauerleistungsfähigkeit trägt dazu bei, die allgemeine körperliche Fitness zu verbessern. Somit werden gesundheitliche Risikofaktoren wie zum Beispiel Übergewicht, Diabetes Typ 2 und Herz-Kreislauf-Erkrankungen minimiert. Eine stärkere Ausdauer bedeutet zudem eine bessere Regenerationsfähigkeit, eine höhere Belastbarkeit und verbesserte Körperhaltung sowie Leistungsfähigkeit bei körperlichen Aktivitäten (Neumann, Pfützner & Berbalk, 2011, S.30).

Der Ruhepuls wird direkt im Liegen nach dem Aufwachen gemessen und dient zur Kontrolle des aktuellen Gesundheitszustandes. Bei der männlichen Person liegt er bei 62 S/min. Ausdauertraining führt zu einer Pulsverlangsamung und stärkt das Herz. Das Herz pumpt dann kräftiger, sodass mehr Blut transportiert wird.

Da die Person bereits seit acht Monaten Ausdauertraining betreibt, ist die Ausdauerleistung gestiegen und der Ruhepuls gesunken. In den nächsten acht Wochen wird die Person einen ausgearbeitet Trainingsplan für das Ausdauertraining durchführen, um den Ruhepuls um weitere 4 S/min zu senken. Da die Senkung um etwa einen halben Schlag pro Woche möglich ist, handelt es sich aus hiesiger Sicht um ein realistisches Ziel (BARMER, 2023).

Insgesamt können wir mit allen drei Zielen die allgemeine körperliche Fitness verbessern, den Körper in eine bessere Form bringen und den Stoffwechsel der Person ankurbeln. Die Ziele sind darüber hinaus aus hiesiger Einschätzung realistisch und umsetzbar für die Person.

3. Trainingsplanung - Mesozyklus

3.1. Grobplanung zum Mesozyklus

Tab. 08: Grobplanung eines Mesozyklus für eine männliche Person (eigene Darstellung)

Mesozyklus	
Dauer	8 Wochen
Trainingsziel	Körperfett reduzieren, Ausdauerleistungsfähigkeit steigern und Ruhepuls senken
Belastungsumfang/Woche	120-140 Minuten
Trainingsmethode	extensive Dauermethode variable Dauermethode intensive Dauermethode
Trainingsintensität	50-60% max. Hf (regenerativ) 60-75% max Hf (extensive DM) 65-85% max Hf (variable DM) 75-85% max Hf (intensiv DM)
Trainingshäufigkeit/Woche	3-mal
Dauer pro TE	25 min (regenerativ) 30-70 min (extensive DM) 40-50 min (variable DM) 35-45 min (intensive DM)
Trainingsgeräte	Laufband, Crosstrainer, Ruderergometer

3.2. Detailplanung zum Mesozyklus

Tab. 09: Detailplanung eines Mesozyklus für eine männliche Person (eigene Darstellung)

Mesozyklus							
Woche 1	Mo	Mi	Fr	Woche 2	Mo	Mi	Fr
Trainingsziel	GA 1	GA 1/2	GA 1	Trainingsziel	GA 1	GA 2	GA 1
Tr.-Methode	EDM	VDM	EDM	Tr.-Methode	EDM	IDM	EDM
Tr.-Intensität	60-70% Hf$_{max}$	65-70 % Hf$_{max}$ 70-80% Hf$_{max}$	60-65% Hf$_{max}$	Tr.-Intensität	65-70% Hf$_{max}$	75-80% Hf$_{max}$	60-65% Hf$_{max}$
Tr.-Herzfrequenz (Pulsober-untergrenze)	121-141 S/min	131-141 S/min 141-161 S/min	121-131 S/min	Tr.-Herzfrequenz (Pulsober-untergrenze)	131-141 S/min	151-161 S/min	121-131 S/min
Tr.-Dauer	45 min	40 min (5:5)	35 min	Tr.-Dauer	55 min	35 min	40 min

Tr.-Gerät	Cross-trainer	Lauf-band (Jog-ging)	Ruder-ergo-meter	Tr.-Gerät	Cross-trainer	Lauf-band	Ruder-ergo-meter
Woche 3	**Mo**	**Mi**	**Fr**	**Woche 4**	**Mo**	**Mi**	**Fr**
Trainingsziel	GA 1	GA 2	REKOM	Trainingsziel	GA 1	GA 1/2	GA 1
Tr.-Methode	EDM	IDM	EDM	Tr.-Methode	EDM	VDM	EDM
Tr.-Intensität	65-75% Hf_{max}	80-85% Hf_{max}	50-60% Hf_{max}	Tr.-Intensität	65-75% Hf_{max}	65-75% Hf_{max} 75-80% Hf_{max}	60-65% Hf_{max}
Tr.-Herzfrequenz (Pulsober-untergrenze	131-151 S/min	161-171 S/min	101-121 S/min	Tr.-Herzfrequenz (Pulsober-untergrenze	131-151 S/min	131-151 S/min 151-161 S/min	121-131 S/min
Tr.-Dauer	70 min	45 min	25 min	Tr.-Dauer	40 min	50 min	30 min
Tr.-Gerät	Cross-trainer	Lauf-band (Jog-ging)	Ruder-ergo-meter	Tr.-Gerät	Cross-trainer	Lauf-band	Ruder-ergo-meter
Woche 5	**Mo**	**Mi**	**Fr**	**Woche 6**	**Mo**	**Mi**	**Fr**
Trainingsziel	GA 1	GA 1/2	GA 1	Trainingsziel	GA 1	GA 2	GA 1
Tr.-Methode	EDM	VDM	EDM	Tr.-Methode	EDM	IDM	EDM
Tr.-Intensität	70-75% Hf_{max}	70-75% Hf_{max} 75-85% Hf_{max}	65-70% Hf_{max}	Tr.-Intensität	70-75% Hf_{max}	75-85% Hf_{max}	60-65% Hf_{max}
Tr.-Herzfrequenz (Pulsober-untergrenze	141-151 S/min	141-151 S/min 151-171 S/min	131-141 S/min	Tr.-Herzfrequenz (Pulsober-untergrenze	141-151 S/min	151-171 S/min	121-131 S/min
Tr.-Dauer	45 min	40 min (5:5)	35 min	Tr.-Dauer	55 min	35 min	40 min
Tr.-Gerät	Cross-trainer	Lauf-band (Jog-ging)	Ruder-ergo-meter	Tr.-Gerät	Cross-trainer	Lauf-band	Ruder-ergo-meter
Woche 7	**Mo**	**Mi**	**Fr**	**Woche 8**	**Mo**	**Mi**	**Fr**
Trainingsziel	GA 1	GA 2	REKOM	Trainingsziel	GA 1	GA 1/2	GA 1
Tr.-Methode	EDM	IDM	EDM	Tr.-Methode	EDM	VDM	EDM
Tr.-Intensität	65-75% Hf_{max}	80-85% Hf_{max}	50-60% Hf_{max}	Tr.-Intensität	65-75% Hf_{max}	65-75% Hf_{max} 75-80% Hf_{max}	60-65% Hf_{max}
Tr.-Herzfrequenz (Pulsober-untergrenze	131-151 S/min	161-171 S/min	101-121 S/min	Tr.-Herzfrequenz (Pulsober-untergrenze	131-151 S/min	131-151 S/min 151-161 S/min	121-131 S/min
Tr.-Dauer	70 min	45 min	25 min	Tr.-Dauer	40 min	50 min	30 min
Tr.-Gerät	Cross-trainer	Lauf-band (Jog-ging)	Ruder-ergo-meter	Tr.-Gerät	Cross-trainer	Lauf-band	Ruder-ergo-meter

3.3. Begründung zum Mesozyklus

3.3.1. Begründung zu den angestrebten Trainingsbereichen

Bei den Probanden wurden im Mesozyklus die Trainingsbereiche GA1, GA2 und RE-KOM in einem Be- und Entlastungsverhältnis von 3:1 und im Mikrozyklus (eine Woche aus dem Mesozyklus) in einem Verhältnis von 2:1 ausgewählt.

Beim REKOM handelt es sich um ein Ausdauertraining mit leichter Intensität. Dies wird bei dem Probanden in der extensiven Dauermethode für 25 Minuten durchgeführt. Hierbei werden 60% der errechneten maximalen Herzfrequenz nicht überschritten. Dieser Trainingsbereich wird hauptsächlich zur Regeneration der Person eingesetzt. Besonders nach intensiven Belastungen lässt sich die Regeneration in den Folgetagen so aktiv beschleunigen.

Die Grundlagenausdauer 1 (GA1) ist eine Dauermethode mit gleichmäßiger niedriger bis mittlerer Intensität. Hierbei werden 60-75% der errechneten maximalen Herzfrequenz angestrebt über einen Zeitraum von 30-70 Minuten. Das GA1 wird auch als Fettstoffwechseltraining bezeichnet, da bereits nach einer halben Stunde Belastung zunehmend die Energie aus dem Fettstoffwechsel bereitgestellt wird. Des Weiteren führt die GA1 zu einer Verbesserung der aeroben Ausdauerleistungsfähigkeit. Diese Methode steht bei der Person im Vordergrund, um sein Ziel der Körperfettreduktion zu erreichen.

Bei der Grundlagenausdauer 2 (GA2) wird 75-85% der errechneten maximalen Herzfrequenz von dem Probanden gefordert. Da die Intensität mittel bis hoch ist und ebenfalls eine Dauermethode angewendet wird, verringert sich die Trainingsdauer. Das GA2-Training trägt zur Leistungssteigerung der Person bei und verbessert das Herz-Kreislaufsystem. Der Herzmuskel wird ebenfalls gestärkt, sodass das Herz leistungsfähiger ist. Außerdem wird der aerobe-anaerobe Mischstoffwechsel verbessert (Hanakam & Ferrauti, 2020, S.376+377).

3.3.2. Begründung zu den Trainingsmethoden

Für den Probanden wurde die extensive, intensive und variable Dauermethode ausgewählt. Durch die Dauermethode wird die Ausdauer gesteigert sowie der Herz-Kreislauf und der Fettstoffwechsel verbessert. Hierbei wird der Körper über einen längeren Zeitraum belastet bei überwiegend aerober Energiebereitstellung.

Durch die geringe Belastung der extensiven Dauermethode wird dem Probanden ermöglicht, sich schneller zwischen den Trainingseinheiten zu erholen. Die Blutlaktatkonzentration während der Ausübung ist im Durchschnitt < 2 mmol/l. Diese Methode eignet sich besonders gut als Fettstoffwechseltraining, zur Vergrößerung des Mitochondrienvolumes, zur Kapillarisierung und um die Grundlagenausdauer 1 zu steigern (Olivier, Marschall & Büsch, 2008, S.158+159).

Bei der intensiven Dauermethode wird die aerobe Kapazität, aufgrund der hohen Intensität, des Probanden gesteigert. Die Blutlaktatkonzentration während der Ausübung liegt bei 2,5 - 4 mmol/l. Außerdem können effektive Trainingseinheiten in kürzerer Zeit absolviert werden. Des Weiteren können intensive Trainingseinheiten zu einem erhöhten Kalorienverbrauch nach dem Training führen. Auch diese Methode wirkt sich positiv auf die maximale Sauerstoffaufnahme, den aeroben-anaeroben Mischstoffwechsel, der Kapillarisierung und der Vergrößerung des Mitochondrienvolumes aus. Außerdem eignet sich die Methode besonders um die Grundlagenausdauer 2 zu entwickeln (Olivier, Marschall & Büsch, 2008, S.159+160).

Die variable Dauermethode kombiniert verschiedene Intensitäten und Trainingsformen des Probanden miteinander. Diese Dauermethode trägt dazu bei, dass Fortschritte beschleunigt werden. Die Blutlaktatkonzentration liegt während der Ausübung zwischen 3 und 6 mmol/l. Es werden verschiedene Energiepfade beansprucht, was das Training interessanter macht und so die Motivation des Probanden aufrechterhält. Diese Methode eignet sich besonders um die maximale Sauerstoffaufnahme und den aeroben-anaeroben Mischstoffwechsel zu verbessern und um die Grundlagenausdauer 1 und 2 zu entwickeln (Olivier, Marschall & Büsch, 2008, S.161).

3.3.3. Begründung zu dem wöchentlichen Belastungsumfang

Da die Person über viel Zeit verfügt, werden drei Trainingseinheiten pro Woche mit insgesamt 120-140 Minuten über acht Wochen absolviert. Somit hat der Körper zwischen den Trainingseinheiten genug Zeit für die Regeneration der einzelnen Muskelgruppen. Es wird in jeder Trainingseinheit ein anderes Cardiogerät verwendet, damit es nicht zu einer Über- oder Unterbelastung der einzelnen Muskelgruppen kommt. Je nach Mikrozyklus variiert die Trainingsdauer und Intensität. Tendenziell wird die Intensität immer stärker, um die Leistung der Person zu steigern. Hierbei ist die Einhaltung der Regenerationsphasen essentiell. Nach einer hohen Belastung sollte eine Trainingseinheit mit geringer Intensität folgen, damit die Muskeln sich vollständig erholen können (Neumann, Pfützen & Berbalk, 2011, S.29).

3.3.4. Begründung zur Belastungsprogression

Der menschliche Körper passt sich an Trainingsbelastungen, die über einen längeren Zeitraum gleich bleiben, an. Die Trainingsreize rufen dann keine Leistungssteigerungen mehr hervor. Mithin muss in gewissen Zeitabständen die Trainingsbelastung gesteigert oder variiert werden. Damit der Proband seine Leistung und Ergebnisse verbessern kann, wird im Mesozyklus die Trainingsbelastung fortwährend gesteigert. Durch die schrittweise Erhöhung der Belastung können kontinuierlich Fortschritte erzielt werden.

Jedoch kann eine zu schnelle oder intensive Steigerung der Trainingsbelastung zu Verletzungen der Muskeln, Bänder, Sehnen oder Gelenken führen. Daher wird im Mesozyklus des Probanden die Trainingsbelastung nur schrittweise erhöht.

Insgesamt trägt die progressiv gesteigerte Trainingsbelastung dazu bei, dass der Körper des Probanden sich ständig an neue Herausforderungen anpasst, um seine Ziele zu erreichen (Dr. Friedrich, 2021, S.58-60).

3.3.5. Begründung zu den Ausdauergeräten bzw. Bewegungsformen

Für die Person wurde der Crosstrainer, das Laufband und das Ruderergometer für das Ausdauertraining gewählt.

Der Crosstrainer eignet sich für fortgeschrittene Trainierende und ist zudem gelenkschonend. Es werden sowohl die oberen, als auch die unteren Extremitäten beansprucht, was zu einem effektiven Ganzkörpertraining führt. Die Verbesserung der Ausdauerleistungsfähigkeit steht hierbei im Vordergrund.

Ähnlich wie der Crosstrainer, ermöglicht das Rudergerät ein effektives Ganzkörpertraining, welches die Ausdauer und den Muskelaufbau verbessern kann. Außerdem ist das Ruderergometer ebenfalls gelenkschonend und weist ein geringes Verletzungsrisiko auf.

Das Laufband simuliert das natürliche Laufgefühl, was für den Probanden sehr anspre-chend ist. Durch die adaptive Intensität hinsichtlich der Geschwindigkeit und Steigung ist das Gerät für alle Personengruppen geeignet.

Mithin können durch alle drei Ausdauergeräte effektiv Kalorien verbrannt werden, da verschiedene Muskelgruppen beansprucht werden. Dies ist für die Ziele des Probanden wichtig, da er Körperfett verlieren und seine Ausdauerleistungsfähigkeit verbessern möchte. Zudem kann bei allen Geräten die Herzfrequenz, Leistung und Dauer genau kontrolliert werden. Somit kann die Person während der Trainingseinheiten systema-tisch seinen Zielen nachgehen.

Außerdem ist es ratsam eine abwechslungsreiche Trainingsroutine in den Trainingsplan einzubauen, da es für den Probanden effektiver und tendenziell motivierender ist (La-terza, 2023).

4. Literaturrecherche Studie 1 und Studie 2

Tab. 10: Studien im Bereich Ausdauertraining und arterieller Hypertonie (eigene Darstellung)

Effekte des Ausdauertrainings bei arterieller Hypertonie		
	Studie 1	**Studie 2**
Wer hat die Studie durchgeführt?	- Studie wurde von J.-C. Tsai, H.-Y. Yang, W.-H. Wang, M.-H. Hsieh, P.-T. Chen, C.-C. Kao, P.-F. Kao, C.-H. Wang und P. Chan an College of Nursing, Wan Fang Hospital, Taipei Medical University (Taipei City, Tai-wan) durchgeführt	- Studie wurde von J. E. Martin, P. M. Dubbert und W. Cushman an San Diego State University in Abteilung Psychology (Kalifornien, USA) durchgeführt
In welchem Jahr wurde die Studie publiziert?	- klinische Studie wurde 2004 veröffentlicht	- klinische Studie wurde 1990 veröffentlicht
Welche Forschungsfrage wurde untersucht?	Welche Auswirkungen hat regelmäßiges Ausdauertraining auf den Blutdruck und die Lebensqualität?	Wie wirkt sich Aerobic-Training bei männlichen Personen mit leichter diastolischen Hypertonie aus?
Mit welchen Versuchspersonen wurde die Studie durchgeführt?	- 102 Probanden (47 Männer, 55 Frauen) - Durchschnittsalter 47 - Personen haben leichte bis mittelschwere Hypertonie (systolischer Blutdruck 140-180 mmHG oder diastolischer Blutdruck 90-110 mmHG) - Probanden nehmen keine blutdrucksenkenden Medikamente	- 19 männliche Probanden - Probanden sind zwischen 18 und 60 Jahre alt - Personen haben diastolischen Bluthochdruck von 90-104 mmHG - Probanden nehmen keine blutdrucksenkenden Medikamente

Effekte des Ausdauertrainings bei arterieller Hypertonie		
Wie sah der Versuchsaufbau der Studie aus?	- Patienten wurden zufällig in mittelintensiven Aerobic-Gruppe und Kontrollgruppe (ohne körperliche Bewegung) zugeteilt - Aerobic - Gruppe hatte drei Sitzungen/Woche über Zeitraum von zehn Wochen - Lebensqualität wurde vor Beginn, nach sechs und nach zehn Wochen mit Short Form 36-item Health Survey (SF-36/gesundheits-Fragebogen) bewertet	- Probanden wurden zufällig in eine von zwei Gruppen zugeteilt - zehn Personen haben an Aerobic-Trainingsprogramm teilgenommen - neun Personen haben an Kontrollprogramm teilgenommen - Sieben von ihnen traten anschließend in Aerobic-Programm mit ein - Aerobic Programm bestand aus Gehen, Joggen, stationärem Radfahren oder aus einer Kombination der Aktivitäten für 30 Minuten viermal die Woche, bei 65-80% maximaler Herzfrequenz - Kontrollprogramm bestand aus Calisthenics - Übungen und Dehnübungen mit gleicher Dauer und Häufigkeit, jedoch weniger als 60% der maximalen Herzfrequenz - zehn Wochen wurde Training ausgeübt
Welche relevanten Ergebnisse und Schlussfolgerungen lieferte die Studie?	- bei Aerobic-Gruppe war nach zehn Wochen eine signifikante Blutdrucksenkung von -13,1/-6,3 mmHg vom Ausgangswert festgestellt (P<0,001) - bei Kontrollgruppe wurde ein Wert von -1,5/+6 mmHg ermittelt - Trainingsgruppe zeigte Steigerung der Trainingskapazität von 8,2+/-1,6 auf 10,8+/-2,2 METS (P<0,01) - Trainingsgruppe höhere Werte auf 7 von 8 Subskalen (P<0,05) des SF-36 - Verbesserung der körperlichen Schmerzen und allgemeinen Gesundheit durch Senkung des systolischen Blutdrucks - Ausdauertraining verbessert Blutdruck und Lebensqualität - sollte mehr gefördert werden	- Nach sechs Wochen wurden starke Reduzierungen des diastolischen Blutdrucks festgestellt - nach zehn Wochen sank diastolische Blutdruck bei Aerobic - Gruppe um 9,6 ± 4,7 mmHg - bei Kontrollgruppe stiegen Werte um 0,8 ± 6,2 mmHg (p=0,02) - systolische Blutdruck hat sich in Aerobic - Gruppe in zehn Wochen um 6,4 ± 9,1 mmHg reduziert - In Kontrollgruppe ist der Wert um 0,9 ± 9,7 mmHg gestiegen (p=0,11) - sieben der neun Probanden der Kontrollgruppe sind in Crossover-Behandlung eingestiegen - haben Senkung vom diastolischen Blutdruck um -6,1/-3,2 mmHg (p < 0,01) und systolischen Blutdruck -8,1/-5,7 mmHg (p < 0,01) erzielt - Blutveränderungen waren nicht mit signifikanten Veränderungen des Gewichts, des Körperfetts, der Elektrolyte im Urin oder der Ruheherzfrequenz verbunden - Studie liefert Beweise, für unabhängige blutdrucksenkende Wirkung von Aerobic Übungen bei nicht medikamentös behandelten Männern mit leichten Bluthochdruck

4.1. Schlussfolgerung von Studie 1 und Studie 2

4.1.1. Studie 1

Insgesamt konnte eine Blutdrucksenkung bei mittelintensiven Ausdauertraining festgestellt werden. Die blutdrucksenkende Wirkung von Ausdauertraining ist der Studie nach signifikant und wird demnach laut Autoren der Studie nicht ausreichend gefördert.

Ausdauertraining hat mehrere positive Effekte auf alle Altersgruppen. Zum Beispiel kann Bluthochdruck gesenkt, die Lebensqualität gesteigert und Übergewicht verringert werden.

Abschließend können durch regelmäßiges Ausdauertraining auch erhebliche Kosten gespart werden, die sonst durch die Einnahme von Medikamenten anfallen würden. Außerdem ist ersichtlich, dass durch die Nichteinnahme der Medikamente Nebenwirkungen verhindert werden können (Tsai, Yang, W.-H. Wang, Hsieh, Chen, C.-C. Kao, P.-F. Kao, C.-H. Wang & P. Chan, 2004).

4.1.2. Studie 2

Während der Studie konnte eine blutdrucksenkende Wirkung im direkten Vergleich der Gruppen ohne medikamentöse Behandlung bewiesen werden. Selbst die später einsteigende Crossover - Gruppe hat eine signifikante Veränderung des diastolischen und systolischen Blutdrucks erzielt.

Durch das Aerobic - Training konnten ebenfalls Blutveränderungen ermittelt werden. Diese sollen aber nichts mit der Gewichtsreduzierung, des Körperfettanteil und der Ruheherzfrequenz zu tun haben.

Die Autoren der Studie haben mehrere Schlussfolgerungen aufgeführt, die in späteren Studien bezüglich der vorliegenden Thematik optimiert werden können. Sie berichten, dass es Schwierigkeiten aufweisen kann, ihre gesammelten Daten mit der Allgemeinbevölkerung der Hypertonika zu vergleichen. Sie untersuchten nur Probanden, die an einer leichten Hypertonie (DBD 90-104 mmHg) erkrankt sind oder die Probanden 25-30% Übergewichtig hatten (Martin, Dubbert, & Cushman, 1990).

5. Literaturverzeichnis

BARMER (2023). *Welcher Ruhepuls ist normal und was sagt er aus?*. Zugriff am 16.11.2023. Verfügbar unter https://www.barmer.de/gesundheit-verstehen/sport/bewegung-und-fitness/ruhepuls-1071436

Bindel, T. & Theiß, C. (2019). *Fitness als Trend des Jugendsports - eine Wissenskultur.* Zugriff am 27.10.2023. Verfügbar unter https://link.springer.com/article/10.1007/s43594-020-00001-w

Blank, M. (2006). *Dimensionen und Determinationen der Trainierbarkeit konditioneller Fähigkeiten.* Inauguraldissertation, Philosophisch-humanwissenschaftlichen Fakultät der Universität Bern, Bern.

Dr. Friedrich, W. (2021). *Optimales Sportwissen.* (4., überarbeitete Auflage 2021). Spitta GmbH.

Dr. Tegtbur, U. (2000). *Fettstoffwechsel, Gewichtsreduktion und körperliche Aktivitäten.* Zugriff am 07.11.2023. Verfügbar unter http://klinischesportmedizin.de/Auflage_2000_12/fettartikel.PDF

Hanakam, F. und Ferrauti, A. (2020). *Ausdauertraining.*(1. Auflage 2020). Springer-Verlag GmbH Deutschland, ein Teil von Springer Nature 2020.

Hollmann, W., Strüder, H. K., Predel, H.-G., Tagarakis, C. V. M. (2006), *Spiroergometrie: Kardiopulmonale Leistungsdiagnostik des gesunden und Kranken.* (1. Auflage). Stuttgart: Schattauer GmbH.

Laterza, M. (2023). *Die effektivsten Cardio-Geräte im Überblick!.* Zugriff am 14.11.2023. Verfügbar unter https://www.marcolaterza.com/cardio-gerate/

Lottmann, A. (2002). *Untersuchungen zur Optimierung der Belastungssteuerung im Krafttraining durch Kombination verschiedener Methoden der Trainingsbegleitenden Leistungsdiagnostik.* Dissertation, Universität Göttingen. Göttingen.

Martin, J. E., Dubbert, P. M. und Cushman, W. C. (1990). Controlled trial of aerobic exercise in hypertension. Zugriff am 25.10.2023. Verfügbar unter https://pubmed.ncbi.nlm.nih.gov/2184945/

Neumann, G., Pfützner, A., Berbalk, A. (2011). *Optimiertes Ausdauertraining.* (6., überarbeitete Auflage 2011). Aachen: Meyer & Meyer Verlag.

Olivier, N., Marschall, F. Und Büsch, D. (2008). *Grundlagen der Trainingswissenschaft und -lehre.* (2., überarbeitete Auflage 2008). Hofmann Verlag.

Rukavina, Dr. M. (2018). Mortalitätsrisiko: Welche Rolle spielt der Anteil der Körpermagermasse? *Deutsche Medizinische Wochenzeitschrift, 19,* 1356.

Tsai, J.-C., Yang, H.-Y., Wang, W.-H., Hsieh, M.-H., Chen, P.-T., Kao, C.-C., Kao, P.-F., Wang, C.-H. und Chan, P. (2004). *The Beneficial Effect of Regular Endurance Training on Blood Pressure and Quality of Life in Patients with Hypertension.* Zugriff am 24.10.2023. Verfügbar unter https://pubmed.ncbi.nlm.nih.gov/15132303/#:~:text=Improvement%20in%20bodily%20pain%20and,should%20be%20encouraged%20more%20widely.

Tschopp, M., Held, T., Villiger, B. und Marti, B. (2001). Qualitätsstandards in der Ausdauerleistungsdiagnostik. *Schweizerische Zeitschrift für Sportmedizin und Sporttraumatologie, 49* (2), 57-66.

6. Tabellenverzeichnis

BEI GRIN MACHT SICH IHR WISSEN BEZAHLT

- Wir veröffentlichen Ihre Hausarbeit, Bachelor- und Masterarbeit

- Ihr eigenes eBook und Buch - weltweit in allen wichtigen Shops

- Verdienen Sie an jedem Verkauf

Jetzt bei www.GRIN.com hochladen und kostenlos publizieren